引っ越し大名 松平大和守家

JN001416

上毛新聞社

目次

はじめに

　松平大和守家は、江戸時代に酒井雅楽頭家（うたのかみ）に次いで前橋藩を治めた親藩大名であった。

　松平大和守家は、別名「結城松平家」（ゆうき）といい、徳川家康の次男・秀康が継いだ源頼朝の乳母である寒河尼（さむかわのあま）から続く名門「結城家」の流れを汲み、祭祀を継承してきた。だが、前橋において松平大和守家のことを知る人はまだまだ少ない。それは、酒井家と入れ替わり、松平家が入城したものの、わずか19年で前橋を離れ、川越城に移ってしまったこと。生糸で活況を呈していた前橋に城を再築したものの、わずか半年で明治維新を迎え、藩主から藩知事となったものの、明治4年に免官となり、東京へ居を移してしまったことなどが影響している。

　また、「引っ越し大名」と揶揄されるように12回もの転封をしたことで領民との関係が希薄となってしまい、藩主に対しての思い入れがないのも原因の一つであろう。

　しかし、良い面もある。それは、全国に赴任地があり、北は山形から南は大分日田と広範囲に転封したことで、松平大和守家ゆかりの地が全国にたくさんあることである。

　本書は、松平大和守家と全国に点在する歴代藩主の墓所に注目し、前橋藩最後の藩主であった松平大和守家を、多くの方々に知っていただくことを目指し、執筆した。

　現在、前橋市では、江戸時代に市域を治めた秋元越中守家（総社藩）、牧野駿河守家（大胡藩）、酒井雅楽頭家（前橋藩）、松平大和守家（同）を「前橋四公」と称し、顕彰祭などの各種行事を行い、歴史文化遺産に基づく地域づくりを展開している。

　松平大和守家では、17代当主の松平直泰が代表となり「結城松平博喩堂報恩舎」を結成し、市当局と協力し、「松平大和守家顕彰祭」を実施している。本書が松平大和守家の歴史文化遺産を活かした前橋の地域づくりに役立つことを願っている。

結城家36代・松平大和守家18代　松平直孝
結城松平博喩堂報恩舎理事　庭野剛治

第1章　松平大和守家の概要

1.結城松平家の歴史

（1）寒河尼から始まる「結城家」

　寒河尼が地頭を務めた網戸郷。現在の栃木県小山市網戸町。そこには源頼朝の乳母を務めた寒河尼の墓がある。

　寒河尼とその末子は、治承4（1180）年10月、武蔵国隅田宿（東京都墨田区）にいた源頼朝を訪ねた。寒河尼は乳母といわれている。頼朝は寒河尼の末子を側近にするとすぐに烏帽子親となって元服させ、諱である「朝」を与えた。その子は小山七郎宗朝と名乗り、これがのちの結城朝光である。

称念寺　寒河尼の墓（中央）

　寒河尼の出自は、八田宗綱の娘であり、宇都宮氏の祖に当たる。小山を抑えていた小山政光に嫁ぎ、長男朝政の他3男を産んでいる。夫政光は治承4年には大番役として京都にいたため、寒河尼が小山を守っていた。頼朝への小山氏の加勢は、力を与えたが、寒河尼独自の判断だった。

　平家が滅亡すると寒河尼は頼朝から功績があったとして寒河郡（小山市寒川町）、網戸の地頭に任命された。『吾妻鏡』には「女性たりといえども大功があるによって」とある。女地頭・寒河尼は、小山一族を夫がなくなったあとも支え、下野国最大の武士団を率い守った。寒河尼は安貞2（1228）年91歳で没し、称念寺に眠る。

　名門結城氏は、源頼朝の乳母「寒河尼」から始まったのである。

（2）藤原・小山家の流れを汲む「結城家」

　結城氏は藤原秀郷の末裔で中世下総の豪族。下野の小山政光の3男朝光で、寿永2（1183）年の志田義広の乱の功で得た下総国結城郡（茨城県結城市）に移り、結城氏を称した。鎌倉幕府の御家人の上席に列し、各地に一族を分家させて繁栄した。

　鎌倉時代後期、祐広は下総結城家から分かれ、陸奥国白河結城氏の祖となる。その子宗広は北条得宗家との関係を強めるが、建武政権以降、一貫して南朝方についた。

　一方、下総結城家は足利尊氏が挙兵すると各地を転戦し、朝祐・直朝の2代が戦死、一時衰退。直光が安房国守護、基光が下野国守護となり、結城氏の最盛期を築いた。しかし、嘉吉元（1441）年、「結城合戦」で結城氏朝・持朝は敗北し討ち死にし、一時断絶したが、宝徳元（1449）年、足利成氏が関東公方家を再興すると、氏朝の遺児で持朝の末弟成朝が結城氏を再興。明応8（1499）年、政朝が家中統制に実績を上げ、その子政勝は小田氏治を破って勢力を拡大し、「結城家法度」を制定。次代の晴朝は後北条・上杉両氏の圧力を受けたが、家を存続させた。

（3）徳川家康の次男秀康が継いだ「結城家」

　結城晴朝は、天正18（1590）年、豊臣秀吉から領地を安堵された。秀吉は、関東平定の功労者である徳川家康へさらなる加増として、秀康を北関東、結城家の婿養子とする案を考え、秀康は結城晴朝の姪と婚姻。秀康は関東に下り、結城家の家督および結城領11万1,000石を継いだ。秀吉より羽柴の名を賜り、官位から羽柴結城少将と呼ばれた。関東の名門「結城家」が徳川・松平一門に組み込まれた瞬間だった。

　秀康は越前北ノ庄（福井市）67万石へ転封。その子忠直のときに松平氏に改姓、以後、越前松平氏として栄えた。

（4）複数の別名を持つ松平大和守家

　秀康が、結城姓を去り松平に復すと、養父である結城晴朝は名門結城家が絶えることを悲しみ、大御所家康、将軍秀忠に懇願した。晴朝が亡くなると秀康の5男直基が結城家の跡目となった。しかし、寛永3（1626）年からは直基も結城姓から松平姓に改めた。

松平になったものの、結城家の祭祀を継承した。越前藩主で実兄の忠直から偏諱を受け「直基」を名乗り、松平大和守家の歴史が始まった。結城松平家、松平大和守家、最後の赴任地から名付けられた前橋松平家と、さまざまな別名を持つのは、歴史を紡いできた証しである。

（5）徳川・松平一門と松平大和守家の関係

前橋松平家とは、2代将軍秀忠の兄秀康の系統。秀康の5男直基によって結城晴朝の遺領を引き継ぎ成立。結城家の祭祀を引き継ぎ、徳川御家門の一つとして明治維新まで存続。明治17（1884）年から松平伯爵家となり、昭和22（1947）年の華族令廃止まで伯爵であった。

Ⅰ. 徳川・松平一門
①徳川将軍家
②三河松平氏（十八松平家）大給松平家（龍岡城主）や長沢松平家など
③久松松平家　家康の母の再婚相手の久松俊勝の子供ら
④御三家やその一族である「御連枝」
⑤外様大名（前田・伊達・島津などの国持大名）
⑥保科松平家　家光の異母弟正之の家
⑦徳川家康の次男・秀康を祖とする越前家支流の家

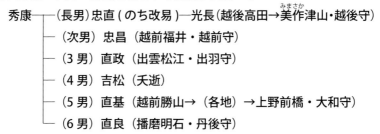

Ⅱ. 松平大和守家
秀康の5男直基の家

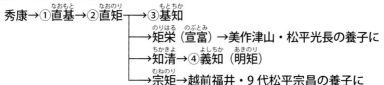

→⑤朝矩→⑥直恒→⑦直温→⑧矩典（斉典）　→※斉省（将軍家斉25男・紀五郎）

→⑨典則（誠丸）

→⑩直侯（水戸徳川斉昭8男八郎麿）→⑪直克（有馬玄蕃頭頼徳5男）
→⑫直方（前田大蔵大輔利聲次男）
→⑬基則（9代典則3男）→⑭直之（11代直克長男）→⑮直冨→⑯直正→⑰直泰

「引っ越し」の歴史

③出羽山形
⑧出羽山形
①越前勝山
②越前大野
⑤越後村上
⑨陸奥白河
⑦豊後日田
⑪上野前橋
⑬上野前橋
⑫武蔵川越
④播磨姫路
⑥播磨姫路
⑩播磨姫路

2. 松平家の在城地・赴任地

（1）越前勝山城

　慶長6（1601）年、結城秀康が越前北の庄に入城。越前勝山城には林長門守、矢野伝左衛門らが居城。寛永元（1624）年、結城秀康5男の松平直基が3万石で入城。正保元（1644）年、直良が移封で廃城。一時、天領になっ

た。元禄4（1691）年 小笠原貞信が勝山城に入り、勝山藩が成立。宝永6 (1709) 年 再築が許可されたが、天守は築かれず、明治維新まで続いた。

　3万石　寛永元（1624）年〜寛永12（1635）年

（2）越前大野城

　天正3（1575）年、金森長近が越前一向一揆を鎮圧した褒美として、織田信長から越前国大野郡のうち3万石を与えられた。翌年、戌山城の近くの亀山（大野盆地の小孤峰）に城郭を築いたのが越前大野城の始まりとされる。その後、青木一矩の居城を経て越前松平家が3代続いた後、天領。その後、土井氏の居城となる。城は安永4（1775）年に焼失し、寛政7（1795）年には天守を除いて再建されたが、明治維新後に破却。

　明治15（1882）年、旧藩士によって土井利忠を顕彰して同地に柳廼社が建てられ社務所となった。平成22（2010）年、移築・復元を行い、「藩主隠居所」として公開。最近では、雲海に浮かぶ越前大野城が各メディアで紹介されると人気を博し、「天空の城 大野城」として有名になった。

　5万石　寛永12（1635）年〜寛永21（1644）年

（3）出羽山形城

　正平11（1356）年、斯波兼頼が羽州探題として山形に入城。同12年、山形城が築城される。以後、出羽斯波氏は最上氏を名乗り、最上氏本宗家の居城となった。最上義光が、慶長年間に城郭を拡大し三の丸を構築、家臣団の屋敷が造られた。さらに城下町を整備し、慶長出羽合戦で得た出羽57万石の本城となる。元和8（1622）年に最上氏が改易された後、鳥居忠政により改修。鳥居氏以後、入れ替わりが激しく藩主の変更があった。格式が低下し、城の規模が縮小した。平成3（1991）年、二の丸東大手門が復元された。

　15万石　寛永21（1644）年〜慶安元（1648）年
　10万石　貞享3（1686）年〜元禄5（1692）年

（4）播磨姫路城

　姫路城は元弘3（1333）年、鎌倉幕府を討幕する戦いで後醍醐天皇側として赤松則村が挙兵し、砦を姫山に建築したのが始まりと伝わる。最初は、

赤松貞範が姫山に城を建築し、「姫山城」と称した。

　それから歴代の城主が増築や改修を繰り返し、西国の要衝として姫路を重要視していた羽柴秀吉は三層の天守閣を造り、近世城郭の骨格を造った。関ヶ原の戦い後、池田輝政が大改築を行い、「白鷺城」を完成させた。

　西国の抑えとして重要視されたため、有力大名が歴代城主となった。藩主が幼少の時は、転封が行われている。

15万石　慶安元（1648）年〜慶安2（1649）年
15万石　寛文7（1667）年〜天和2（1682）年
15万石　寛保元（1741）年〜寛延2（1749）年

（5）越後村上城

　村上城は、16世紀前期には城が成立したものと考えられる。戦国時代には本庄氏の本拠地として、永禄11（1568）年、上杉謙信との籠城戦など、戦いが繰り広げられた。

　江戸時代には、村上氏・堀氏・松平氏らの城主によって城の改造と城下町の建設。松平直矩は、城郭の整備を行い、三層の天守閣や門や櫓を築いたと「大和守日記」に記されている。村上城は北越後の中心拠点として整備された。

　その後も、城主が交代し、享保5（1720）年以後は内藤氏が城主を務め、明治維新となる。

15万石　慶安2（1649）年〜寛文7（1667）年

（6）豊後日田永山城

　日田永山城は、慶長6（1601）年に小川光氏によって築かれた。元和2（1616）年、美濃国大垣から石川忠総が6万石を領して入封。この頃、丸山城から永山城へと改称。寛永10（1633）年、石川忠総は下総国佐倉へと移封し、中津小笠原氏の城番が置かれた。寛永16（1639）年、天領として代官支配となり、永山布政所が置かれた。

　天和2（1682）年、松平直矩が播磨国姫路藩から7万石で入封。15万石から7万石になったことで、家臣の住める屋敷も少なく改築を行った。城の山上にあった屋敷は、山麓に移されて建設されたが完成を待たず、再度、転封命令が出され、貞享3（1686）年、出羽国山形へと移封になった。直

矩は結局、入城していない。4年間の統治後、幕府直轄領になり代官小川正辰が治めた。以後、大名の入城はなく、明治維新を迎える。

　7万石　天和2（1682）年〜貞享3（1686）年

（7）陸奥白河小峰城

　南北朝期の興国・正平年間（1340〜1369）に、結城宗広の嫡子親朝（小峰氏を創設）がこの丘陵に城を築いたのが始まりで、その後、永正年間（1504〜1521）ごろには白河結城氏の本城となったと推定される。

　天正年間には常陸佐竹氏の影響下に置かれ、天正18（1590）年豊臣秀吉により所領を没収された。

　その後、蒲生氏、上杉氏など会津藩の領地となり、城代が置かれた。近世城郭は、寛永4（1627）年に10万石余で棚倉から入封した丹羽長重が、同6年から大改修を行い、同9年完成させた。

　丹羽氏以後、松平（榊原）、本多、松平（奥平）、松平（結城）、松平（久松）、阿部氏と7家21代にわたる居城。慶応2（1866）年、阿部氏の棚倉移封後は、二本松藩丹羽氏の預かりとなり、慶応4（1868）年、戊辰戦争白河口の戦いで建物は焼失。唯一残るのが旧太鼓櫓である。平成3（1991）年に本丸跡に3重櫓、平成6（1994）年には前御門が忠実に復元された。

　15万石　元禄5（1692）年〜寛保元（1741）年

（8）上野前橋城

　前橋城の起源は諸説ある。厩橋城（前橋城）の前身石倉城は、長野氏の支城であり、天文3（1534）年の利根川氾濫によって流れてしまった石倉城の残った三の丸を基にして固山宗賢（長野賢忠）によって再築された城が、厩橋城と呼ばれるようになった。

　厩橋城は、越後の長尾景虎（上杉謙信）の関東進出の拠点となり、北条高広、滝川一益、北条氏直などが城主となった。

前橋城　本丸土塁

豊臣政権下の天正18（1590）年、徳川家康が関東へ下り、重臣の平岩親吉が3万3,000石で入封。慶長6（1601）年に平岩家は甲府藩に転封。徳川家と同祖と伝えられる酒井家が武蔵国川越藩から3万3,000石をもって入封した。

前橋城　本丸御殿（群馬県庁）

酒井重忠は城の大改修を行い近世城郭へと変貌させ、城には3層3階の天守を造営。酒井忠清から忠挙の治世、17世紀中頃から18世紀初頭、厩橋の地は「前橋」と名を改められた。

前橋城は、利根川によって、度重なる氾濫と洪水の浸食を受け続けた。17世紀後半になると利根川の洪水により城の崩壊が進み、18世紀初頭には、本丸の移転を余儀なくされた。

寛延2（1749）年、酒井忠恭が播磨国姫路藩に転封となり、入れ替わりで松平朝矩が15万石で前橋城に入った。明和4（1767）年、利根川の浸食を受けた本丸が崩壊の危機にさらされ、度重なる利根川による被害により、松平家は居城を川越城に移した。

幕末、横浜開港に伴う生糸貿易により、上州の生糸商人は富を得て、帰城のための献金、領民は再三にわたって帰城を請願。松平直克により3回の幕府に再築願いが出され、文久2（1862）年12月、再築の許可を得た。工事期間3年8カ月、総工費7万7,673両という莫大な費用をかけ、慶応3（1867）年3月、西洋城郭として再築前橋城が完成した。坪数は旧前橋城とほぼ同等の15万坪。砲弾を撃ち込まれることを想定して石垣ではなく土塁や塀で囲まれ、中の様子が分からないようにし、外側には堀が張り巡らされ、土塁の要所に砲台が設置されていたといわれている。

完成からわずか半年で明治維新となり、城の役目を終えた。明治3（1870）年には本丸以外の土地の払い下げ、本丸御殿を除いて取り壊し。三の丸御殿は、解体され払い下げられ製糸工場や寺の本堂に転用された。遺構は少

ないが、本丸の土塁、車橋門址、風呂川沿い土塁が一部残っている。

　令和3（2021）年、酒井家の前橋城大手門付近の石垣の一部を発見。明和6（1769）年、松平直恒の命によって廃城・破却された前橋城が252年ぶりに姿を現した。

　15万石　寛延2（1749）年〜明和4（1767）年

　17万石　慶応3（1867）年〜明治4（1871）年

（9）武蔵川越城

　徳川家康が関東入りし、徳川家の重臣酒井重忠に川越藩1万石が与えられる。歴代藩主は、酒井、酒井分家、堀田、松平（大河内）、柳沢、秋元、松平（結城）、松平（松井）で明治維新となった。

川越城　本丸御殿

　川越街道は藩主の参勤交代や、上野国前橋との連絡で重要な役割を果たした。承応2（1653）年松平信綱（知恵伊豆）により、大拡張工事がなされ寛文年間に完成し、倍の規模の近代的城郭になった。

　嘉永元（1848）年、松平斉典により、本丸御殿の造営が行われた。二の丸御殿が弘化3（1846）年、焼失し、再建したもので、これが現存する御殿である。この御殿は16棟・1025坪の規模を誇り、今日に残る川越城の遺構で玄関と家老詰所は、全国的にも貴重である。

　17万石（15万石）　明和4（1767）年〜慶応3（1867）年

第2章　松平大和守家の歴代藩主

1.松平直基　結城家の 祭祀を引き継いだ初代

まつだいらなおもと

初代直基は、慶長9年3月25日（1604年4月24日）越前国北の庄に生まれる。結城秀康の5男で、母は側室である品量院（三好長虎の娘）。結城家の家名がなくなることを憂い、越前国片粕で隠居していた結城晴朝に引き取られ養育される。大御所徳川家康に懇願し、家名の存続を直訴。家名存続は許され、晴朝死後、晴朝の遺領5,000石を直基が引き継いだ。

初代　松平直基（孝顕寺蔵）

兄の越前藩主・松平忠直から偏諱を受け、直基を名乗る。結城家の祭祀を引き継ぎ、結城直基と名乗ったが、寛永3（1626）年に改名し、松平直基と称した。

寛永元年、越前国勝山3万石の大名となり、勝山城の拡張や城下町の町割を積極的に行い整備した。萬嶺晋令尖尭大和尚を招いて結城家の菩提寺孝顕寺を創建し寺領150石を寄進。同5年、森巌寺を創建し、寺領100石を寄進。

越前大野5万石、出羽山形10万石、次いで播磨姫路15万石に国替えを命じられる。慶安元（1648）年6月14日に山形から姫路への移動中の江戸で死去。国に入ることはなかった。禅に通じ、和歌が堪能であったと伝わる。最乗寺に埋葬される。享年44。

最乗寺　松平直基の墓

墓所は、神奈川県南足柄市大雄町の最乗寺、兵庫県姫路市書写の圓教寺、東京都豊島区駒込の泰宗寺、千葉県市川市真間の弘法寺にある。

2. 松平直矩　「引っ越し大名」「松平大和守日記」
<ruby>松平直矩<rt>まつだいらなおのり</rt></ruby>

2代　松平直矩（孝顕寺蔵）

　2代直矩は、寛永19年10月28日（1642年12月19日）に越前大野藩主、松平直基の長男として生まれる。5歳で家督を相続。姫路は西国の抑えとなる要地であったため、幼少の直矩には不適当と判断。翌慶安2（1649）年6月9日に越後村上藩に国替えとなる。

　元服後の寛文7（1667）年8月19日、再び姫路に復帰。「越後騒動」に際し、一族を代表して騒動の調整。不手際を指摘され、直矩は領地を7万石に減封。閉門の上で天和2（1682）年2月7日に豊後国日田藩に国替えを命じられた。

　4年後の貞享3（1686）年7月、3万石加増の上で出羽国山形藩10万石、さらに6年後の元禄5（1692）年7月27日には5万石加増の上で陸奥白河藩15万石とへ移され、格式の上では従前の石高に復帰。度重なる国替えの結果、多大な借財を負い「引っ越し大名」と揶揄された。

　また、17歳の万治元（1658）年から54歳の元禄8（1695）年まで書き記した『大和守日記』は昭和20（1945）年5月25日東京大空襲によって原本はなくなったが、写本が一部存在する。日記には、藩主の仕事、お家騒動、鷹狩り、観劇など。釣りの最も古い記録、万治2（1659）年9月23日の記述もある。江戸湾で家臣たちとハゼ釣りをしたとも。

　大名の社交の場でもあった能や書画、歌や俳句なども記載されている。前橋藩主酒井忠清との交流も書かれ、「酒井雅楽頭殿」と頻繁に登場する。いくつか抜粋してみると、寛文4（1664）年8月8日、国元の越後村上から鮭が届く。「初鮭献上之」とあり、将軍に献上。同年8月12日、「昨晩来二

番鮭料理する」とある。同年8月13日、「三番鮭昨日来、鮭を雅楽頭殿へ進入」とあり、忠清へ届けたことが分かる。

直矩が播磨姫路に転封になり、村上特産の「鮭」を進物として贈れなくなる。すると新しい進物として「鶴」が献上物になっている。寛文7（1667）年9月5日「為御機嫌窺御老中迄、使者青木次兵衛言付、口上言含当地初鶴献上之酒、雅楽頭殿へも二番鶴進之」とある。

また、「越後騒動」の際には、越後高田藩主松平光長の従兄弟である松平直矩が酒井忠清と事件のことを相談し、処分を下したようである。しかし、延宝8（1680）年5月8日4代将軍徳川家綱が亡くなると、同年8月23日、徳川綱吉が5代将軍に就任。大老酒井忠清は12月9日に病気療養を命じられ、解任された。

綱吉は、事件の裁定の再審を行い、越前松平家一門として調整していた松平直矩は播磨国姫路15万石から豊後国日田7万石になり転封。同じく従兄弟松平広栄は出雲国広瀬3万石から1万5,000石へ減俸となり、当事者である越後国高田藩は改易となった。

元禄8年4月25日（1695年6月6日）死去。享年54。

遺体は、江戸下谷泰宗寺に葬られたのち、白河孝顕寺に移葬された。現在は改葬されており、長寿院の管理の下、白河藩大名家墓所には墓石のみ。遺骨は東京都豊島区の泰宗寺の松平家の墓所にある。直矩の墓から出土した白磁有蓋壺は、現在、東京国立博物館に所蔵されている。

【コラム1】────────────────────────

映画 「引っ越し大名！」

令和元（2019）年8月30日公開。姫路藩松平家の書庫番・片桐春之助（星野源）は、話すのが苦手な引きこもり侍。あるとき、藩主・松平直矩（及川光博）が姫路から大分への国替え（引っ越し）を言い渡される。国替えは、膨大な費用と労力が掛かる超難関プロジェクト。お国の最大のピンチに、いつも本ばかり読んでいるのだから引っ越しの知識があるだろうと、白羽の矢が立つが…人数1万人！距離6,000km！予算なし！春之助は、知識と工夫で藩を救うことはできたのか？というお話。

松平直矩は実際には、日田には入城していないのでフィクションである。ただし、家臣は大分日田に行った。石高が半分以下になったため、家臣をすべて雇うことができず、旧領地で帰農したもの、藩から離脱し他の藩で雇われたものなど、さまざまであった。

前橋で「引っ越し大名！」試写会

7回見て殿様の気持ちに

松平家17代当主ら登壇

舞台あいさつに登壇した（左から）山本市長、松平さん、土橋さん

　見所の一つに、高橋一生が「御手杵の槍」を振り回すシーンがある。松平大和守家の家宝である御手杵の槍がスクリーンの中で躍動する姿は必見である。

「上毛新聞」［令和元（2019）年8月22日（木）］から

3. 松平基知　「式部正宗」を手に入れた風流人

　3代基知は、延宝7年7月28日（1679年9月3日）生まれ。父である直矩の跡を継いで元禄8（1695）年に相続。基知は体が弱く、病気がちであったと伝わっている。

　福島県岩瀬郡天栄村「湧井の清水」という沼が雨乞いの霊池として知る所になると、宝永元（1704）年、干ばつから領民を救うため、大祈禱を行わせた。江戸本所の浚渫や江戸城吹上御殿の手伝い普請、浅草蔵屋敷火の

番で借財が増加した。家計は火の車でも、嗜好品や絵画や和歌を楽しみ、「式部正宗」を手に入れた。

高額な美術品を手に入れる一方で、財政の改善を目指し、年貢の取り立てを強行したため、領内で一揆が多発した。特に享保4（1719）年には領内全域の農民が立ち上がり、百姓一揆が発生し、鎮圧に当たった。享保14年8月14日（1729年9月6日）江戸藩邸において死去。享年51。

3代　松平基知（孝顕寺蔵）

子どもがいなかったため、養子としていた分家で陸奥国白河藩支藩の白河新田藩主・松平知清長男で甥の明矩（義知）が跡を継いだ。

白河藩大名家墓所には、父で2代直矩のそばに基知の墓がある。江戸下谷泰宗寺に葬られたのち、遺骸は備前焼の大甕に納められて白河孝顕寺に移葬された。現在は、改葬されており、遺骨は東京都豊島区の泰宗寺に合祀された。

4. 松平明矩　遊学に長け 書画を残す

まつだいらあきのり

4代明矩は、正徳3年8月1日（1713年9月20日）白河生まれ。基知に子がなかったため、享保14（1729）年、分家の白河新田藩主の松平知清の嫡子明矩が本家を相続した。

白河城下で盛んに行われている伝統産業の一つが酒造業であるが、明矩は、元禄10（1697）年に白河において領内の酒造業者数や酒造石高を調べさせた記録があり、この頃には、すでに酒造

4代　松平明矩（孝顕寺蔵）

りが行われていた。

　享保 21（1736）年、将軍徳川吉宗および家重の名代として上洛。参内使命を果たし、朝廷から御太刀を賜った。延享 5（1748）年 4 月幕命により朝鮮通信使を播磨室津においてもてなしている。その際、費用を捻出するために、多額の御用金を農民に課した結果、大規模な一揆が発生し、大坂町奉行が出動して沈静化させた。

　絵画の名手で、松平家に伝わっていた禅画の題材で有名な「寒山と拾得の二人の僧（寒山が経巻を開き、拾得がほうきを持つ図）」の画は、探幽元信に匹敵するほどであったという。寛延元年 11 月 17 日（1749 年 1 月 5 日）に死去。享年 36。

　墓は、兵庫県姫路市の景福寺。五輪塔の墓と亀趺があり、亀趺の上に頌徳碑が載っている。改葬され、遺骨は、東京都豊島区駒込の泰宗寺松平家墓所に合祀されている。

5.松平朝矩　前橋城入城も川越城へ
まつだいらとものり

　5 代朝矩は、元文 3 年 3 月 14 日（1738年 5 月 2 日）松平明矩の長男として誕生。初名は直賢。寛延元（1748）年 12月 27 日、11 歳のとき父が急死し、父の遺領を相続。幼少であったため、西国の要所姫路を狙っていた前橋藩主で幕閣の酒井忠恭と交代。寛延 2（1749）年 1 月 22 日（3/10）、前橋 15 万石への転封を命じられた。

5 代　松平朝矩（孝顕寺蔵）

　明和 4（1767）年閏 9 月 15 日、前橋城を廃し、本丸崩壊の危機を受け、幕府の許可を得て居城を前橋から川越に移したが、明和 5 年 6 月 10 日（1768年 7 月 23 日）に死去。享年 30。

　前橋領は川越藩の代官支配となり、前橋城は明和 6（1769）年、直恒の

代に廃城・破却となり、城の建物は壊され、堀は埋められ、田や畑に姿を変え、前橋の町は衰退した。

　度重なる転封で川越には松平家の菩提寺の移転が完了していなかったため、喜多院に頼んで本堂裏に墓地を造成。朝矩を含めて5人の藩主が埋葬された。「松平大和守家霊所」として残る。現在では、平成の大修理も終わり、五輪塔前に家臣団が奉納した灯籠が整然と並ぶ墓域となっている。川越市指定史跡。

6. 松平直恒　「川越いも」を広め 川越名物に！

まつだいらなおつね

　6代直恒は、宝暦12年5月1日（1762年6月22日）生まれ。明和5（1768）年、父の死去に伴い相続。

　直恒は、父朝矩の跡を引き継ぎ、前橋城の破却を進め、川越城を本拠とした。伝承では、極めて美男子であるといわれており、世間では「大和路考」といわれていたという。当時の名優、「瀬川路考」のようであったと推察される。碑文によれば「寛厚仁愛に富まれた」と伝わる。また、和歌や書画などの遊

6代　松平直恒 （孝顕寺蔵）

学にも精通し、家臣に褒美として分け与えた。松平家が代々得意にしていたのが「馬図」であった。

　「さつまいも」の普及に尽力し、10代将軍徳川家治にも献上。「川越いも」と命名され、有名になった。江戸の焼き芋屋が、さつまいもを「十三里」と名付け、「栗（9里）より（4里）うまい13里（川越までの距離）」というシャレが江戸っ子の心を掴み、大変商売が繁盛した。ゴロがいいので13里とされたが、実際は日本橋から川越の札の辻（高札場があった所）まで11里弱であった。「さつまいも」は今でも川越を代表する特産物である。また、世良田東照宮には、拝殿前に朝矩と直恒の灯籠が奉納されている。文化7

（1810）年1月18日死去。享年48。墓所は、川越市の喜多院。

7.松平直温　兄から家督を継ぐも短い生涯

まつだいらなおのぶ

　7代直温は、寛政7年2月14日（1795年4月3日）松平直恒の次男として川越城に生まれる。直恒の長男知豊が17歳で亡くなり、文化3（1806）年、父の死去に伴い相続。文化13（1816）年、7月28日に死去。享年22。墓所は、川越市の喜多院。

7代　松平直温（孝顕寺蔵）

　借財を減らせず、世継ぎもなく弟の斉典が跡を継いだ。松平定信は、直温の死を大変惜しまれたといわれている。碑文に次のように記されている。「天資俊邁、明朗寛容、度量有り。中略・・・平生有志於興文励武。以整理風俗為務。而享国之日浅矣。事方施行皆未及成。不得不付之後人継述。豈非天哉。」

　直温は、幕命で文化11年5月に上洛。当時の行装は極めて立派であった。碑文中にも「儀容間雅、服飾華盛、観音至今嗟賞謳歌不衰」とある。会津松平家も同じころ上洛。その行装は質素で見栄えがなく、とても大和守家とは比べものにならなかったという。そこで、「大和団扇が会津蝋燭を吹き消した」と評判になったという。蝋燭は会津の名産であり、団扇は松平大和守家の家中の内職の産物であった。藩士の内職として定番であった「大和団扇」も現在は消滅の危機にある。

江戸屋敷で誕生した「大和団扇」

江戸時代の武家の家計は火の車だった。前橋藩も例外ではなかった。藩では奨励しないが、半ば公然と内職をした。前橋藩で行われたのが「団扇の製作」である。

大きくて楕円の形をし、柄は丸竹である大和団扇は江戸の松平大和守家の屋敷から全国へ土産として広まった。松平大和守の屋敷で作っていたから「大和団扇」。いまに続く「大和型」がそれである。

仕入れた丸竹を300本ずつ束ね、四斗樽に漬け込む。樽に張る水は古いほど良いとされた。その樽が各家の屋敷の門口にあり、夏期は長屋門をくぐると独特な臭気が鼻を突き、口をつぐんだ。維新後は東京では生産が出来なくなってしまい、前橋に持ってきて製作を依頼した。前橋は良質な竹が取れ竹細工も作られていたことから、前橋名物になった。

大和団扇も前橋の主要な産業の一つであったが、生糸と同じく今では痕跡すら見ることができない。このままでは歴史・文化が消えてしまう。せめて前橋にゆかりのある「大和団扇」の名前だけでもとどめておきたい。

大和団扇の流れを汲む房州団扇（大和型）

8. 松平斉典　将軍家から斉省を迎える

（まつだいらなりつね）

　8代斉典は、寛政9年11月2日（1797年12月19日）生まれ。兄で先代藩主の直温が22歳で死去したため家督を継ぎ、将軍・徳川家斉から偏諱を受けて矩典から斉典と改名した。

　松平大和守家は、度重なる転封により借財が多額な状況になっていたため、実入りのいい庄内へ転封を画策。いったんは、幕府から三方領地替えの命令が出るも前代未聞の中止に。2万石の加増となり、最大石高17万石となった。

8代　松平斉典（孝顕寺蔵）

　斉典は家臣たちの教育にも力を注ぎ、藩校・博喩堂を、文政8（1825）年江戸藩邸に設置。同10年には川越城内西大手門北側にも開校し、藩医・保岡嶺南を教授職に迎え、退廃した藩気風の引き締めと藩財政振興を図った。

　天保15（1844）年には嶺南に命じて、頼山陽著『日本外史』を校訂し出版させた。これは「川越版」と称されて明治時代にも売れ、松平家の財政を潤した。その版木は松平家に保管され歴史的価値も高かったが、昭和20（1945）年5月25日の東京大空襲で大久保屋敷の土蔵が炎上し、他の宝物と共に失われた。現在は、古くなり途中で差し替えた版木の一部が残っている。

　また、斉典の遺徳を偲ぶまつり「川越百万灯　夏まつり」が毎年開催される。これは、家臣・三田村源八の娘が斉典をしのび提灯をかかげたことが起源となっており、川越の夏の風物詩である。知恵伊豆・松平信綱に由来する「川越まつり」とならぶ川越二大祭りである。

　嘉永3年1月20日（1850年3月3日）死去。享年53。墓所は、川越市の喜多院。

前代未聞の転封中止！三方領知替え

松平斉典は、商業が栄え実り豊かな土地に転封することで、債務を圧縮し整理することを画策し、将軍徳川家斉周辺に多額の工作資金を費やして国替えを働きかけた。実子がいるにもかかわらず、家斉の25男の紀五郎（後の斉省）を養子として迎えたのも、その布石といわれている。最初、斉典は老中首座の水野忠成に播磨姫路への転封を願ったが、忠成が急逝したため、果たせなかった。

三方領知替え概念図

次に、家斉の御側御用取次の水野忠篤や紀五郎の生母お以登の方を通じて大奥にも画策し、天保11（1840）年11月1日、出羽庄内藩14万8000石への転封の幕命を出させることに成功した。酒井忠器は越後長岡藩へ、牧野忠雅は武蔵川越藩へ、松平斉典は出羽庄内藩へ転封されることになった。いわゆる「三方領知替え」である。

しかし、出羽庄内藩主酒井忠器と固い信頼関係で結ばれていた庄内全域の領民による反対強訴で転封が滞るうちに、天保12（1841）年閏1月7日家斉が没し、斉省も天保12（1841）年5月16日没した。12代将軍徳川家慶の判断で幕命撤回となり、幕府の弱体化を表す出来事であった。

9. 松平典則 沿岸や台場の警備 ペリーを迎える

9代典則は、天保7年1月23日（1836年3月10日）斉典の4男として江戸に生まれた。幼名を誠丸。父・斉典が将軍家から斉省を養子としたため、跡継ぎにはなれないはずだが、嫡子の斉省、長兄の典常が亡くなり、弘化3（1846）年11月26日に世継ぎとなり、嘉永2（1849）年12月典術、から典則と改名した。嘉永3（1850）年、父の死去に伴い、家督を継いだ。

9代 松平典則の墓

幕命により、外国船の到来に備えて沿岸警備を任され、相模湾や第一台場を担当。費用がかさみ藩財政を悪化させた。同6年、ペリー来航の際には警備を務めた。

嘉永7（1854）年8月13日、眼病のため、18歳で隠居。藩内では「前君様」として一定の影響力を持ち「静寿斎」と称した。短期間で家督を譲っているため、藩主で唯一の発給文書（黒印）がない。

前橋の別邸「楽水園」も風流人であった典則が造った。質素ではあるが季節の花や木々が生い茂る自然豊かな空間であった。

次代は、水戸徳川斉昭の8男直侯を迎え、養子とした。川越城三の丸、前橋城三ノ丸、紅雲分村柿之宮（現、前橋市紅雲町）に転居。明治10（1877）年まで前橋に住んだ。余生を俳句や謡曲などを楽しみ、悠々自適に生活した。同16年7月24日、麹町屋敷で亡くなった。享年48。墓所は、東京都豊島区駒込の泰宗寺。

【考察】

町田家拝領の三ツ組御盃

前橋市公田町の町田修一家には、松平大和守家から拝領したと伝わる盃がある。桐箱（幅175×奥行175×高さ108㎜）に入っており、

大（直径150・高さ53）・中（直径131×高さ44）・小（直径105×40）の三つが納められている。家紋は五三桐と結城巴が使われ、朱色の地に金箔で家紋があしらわれている。大（五三桐2・結城巴1）・中（五三桐1・結城巴1）・小（五三桐1）が描かれており、長い歴史を継承した家紋である。

11代将軍家斉の25男斉省（紀五郎）を養子としてから8代斉典が三つ葉葵を定紋とした。「三ツ組御盃」は、功績のあった者や御礼の品として定番であったようで、群馬県立歴史博物館にも松平家下付の什物として同様の「三ツ組御盃」が保管されている。

「前橋藩松平記録」には「安政元年12月18日の条」に、第9代典則（誠丸）の襲封と従四位下侍従御任叙の官叙任祝としての御盃などが下付された記録がある。詳細を見ると下付人数は総勢161人であり、その中に「下公田村　町田忠左衛門」と名前があった。下付されたものは「三ツ組御盃一組」とあり、町田家の伝来品と一致した。

町田家の伝承として「殿様が離れ座敷において鮎を食した」という。この頃の藩主は、嘉永7（1854）年8月13日に家督を継いだ直侯。安政2（1855）年1月に元服。文久元（1861）年死去にともない家督を直克に譲る。時代的には直侯となるが、江戸と川越との行き来だけで、前橋方面に来た記述がない。そこで考えられるのが、9代典則である。眼病のため18歳にして隠居。前君様として藩に影響力を持ち、悠々自適の生活を送った。公田村の町田家で鮎を食べた記述はないが、「前橋藩松平家記録」には赤城温泉へ出かけ広瀬川の築場に立ち寄った記録がある。時の代官によって記載は判断されたため、「無別条（記載なし）」が多く、すべてを藩日記が網羅しているわけではない。

町田家には離れ座敷が今でも残る。座敷の前には庭園、奥に利根川の雄

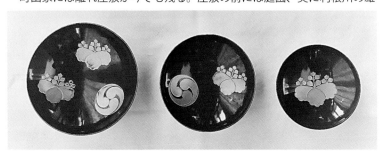

大・中・小の御盃

大な流れが見える。庭園には浅間の溶岩石でつくった築山に古い祠がある。かつては近くの小川から引き入れ、築山の上部から水を流し、滝をつくり、池へと注いでいた。現在の主屋は大正時代の築造だが、江戸時代の離れ座敷が付属されており、部材や間取の随所に江戸の雰囲気を感じさせる。

---

10. <ruby>松平直侯<rt>まつだいらなおよし</rt></ruby>　水戸徳川家から養子　慶喜の弟

10代直侯は、天保10年1月9日（1839年2月22日）水戸徳川斉昭の8男として生まれ、初名を八郎麿といった。15代将軍慶喜のすぐ下の弟。弘道館に年齢の近い兄弟4人で一緒に通った。

渋沢栄一が記した「徳川慶喜公伝（大正7（1918）年）」によれば、父・斉昭は、天保13（1842）年に「五郎（後の池田慶徳）は堂上風（公家のよう）にて品よく、少し柔和に過ぎ、俗にいう養子向なり。七郎（後の徳川慶喜）は天晴名将とならん、されどよくせずば手に余る

10代　松平直侯 の墓

べし。八郎（後の松平直侯）は七郎に似、九郎（後の池田茂政）は五郎に似たり、十郎（後の松平武聰）は未だ分からず」と仰せられと、「晩香堂雑纂所収藤田東湖書翰」で伝えている。

また「七郎と八郎とは御用にも立つべき者とも仰せられき」と「新伊勢物語及烈公親書類纂補遺所収烈公書翰」では伝えている。翌14年尾張徳川家（藩主徳川斉荘）へ遺すべきかなど内義あった時にも、「七郎と八郎とは

教育が大切なり、十五六までは手放し難し、善悪共に大害なき五郎を遺るべし」といい、「尾紀両家への養子の事は遂に行はれざりき」と「烈公親書類纂補遺所収烈公書翰」には記されている。父・斉昭は慶喜と直侯をいかに重んじていたかが分かる書翰である。

　直侯にはこのような話も伝わっている。直侯が水戸家から松平家に養子に入った時、農夫が蓑笠を掛けた一寸ばかりの銅製の人形を持参した。これを毎日の食事の際に必ず案上（食事をのせる台）に飾られた後、箸をつけた。農民の苦労を察するとともに感謝の心が伝わる。農民は伝え聞き感激し、皆涙したという。この銅製の人形も長く松平家に伝来していたが、昭和20（1945）年5月25日の東京大空襲により焼失した。

　文久元年8月15日（1861年9月19日）、江戸溜池邸で死去。享年23。直克との養子縁組が整うまで死去したことは固く伏せられた。亡くなった日が家譜と公式の文久元年12月10日（1862年1月9日）と異なるのはこのためである。墓所は川越市の喜多院。

11. 松平直克　政事総裁職「前橋城」に帰城

まつだいらなおかつ

　11代直克は、天保11年2月26日（1840年3月29日）、筑後久留米藩9代藩主・有馬頼徳5男として江戸下屋敷で誕生。文久元（1861）年12月6日、松平大和守家10代直侯の婿養子となり、22歳で家督を継いだ。

　同3年10月11日、政事総裁職に就任。同4年は14代将軍家茂が上洛し、朝廷と参預会議との

前橋孝顕寺　松平直克の墓

折衝に当たった。その後は孝明天皇の意向に沿い、禁裏御守衛監督の一橋慶喜と共に横浜港鎖港を推進、元治元（1864）年6月、直克は政事総裁職を罷免され、以後は幕政から退いた。

　旧藩都である前橋領では前橋城再建と藩主の前橋復帰の要望が強かった。斉典の代に有志が嘆願。その後も帰城の申請があった。

　天保年間に郡代奉行の安井与左衛門政章の指揮の下で利根川の改修が進められたことに加え、横浜開港により生糸の海外への輸出によって財を成した下村善太郎をはじめとする前橋商人によって前橋城再建・藩主「帰城」のため、藩に献金する経済力と気運が高まった。直克は文久3（1863）年幕府に願い出て前橋城の再築を開始（工事開始は5月であるが幕府から正式な許可が下りたのは年末である）。慶応3（1867）年3月、前橋城が完成（総工費77673両）。直克は前橋に本拠を移した。

　慶応4（1868）年、新政府が樹立されるとすぐに恭順して上野全土の鎮撫を務め、続いて会津藩と戦った。

　明治2（1869）年3月30日に横浜市本町二丁目に生糸の販売を目的とした生糸直売問屋、藩営敷島屋庄三郎商店を開設。外国への輸出を試みた。5月4日には、イタリア公使（ミニストル）デ・ラ・トール一行が前橋を視察している。6月18日、版籍奉還、家禄5,445石、前橋藩知事に任命される。8月13日、直方（富山前田家より）を養子とし、8月17日に直方に家督を譲り、隠居した。明治30（1897）年1月に正三位に叙位されるが、1月25日に東京池之端茅町邸において死去。享年58。

　遺骸は谷中霊園に埋葬されたが、昭和に入り合祀。墓石は行方不明となっていたが幕張の埋め立て用材になるところを発見され、一時教学院に安置。その後、平成29（2017）年前橋の孝顕寺に移設された。

　墓所は、群馬県前橋市朝日町の孝顕寺、東京都豊島区駒込の泰宗寺。

【コラム4】

松平直克ゆかりの柘榴（ざくろ）

前橋藩主松平大和守家11代直克は、久留米有馬家から養子。有馬家は、松平家と下屋敷が隣同士であった。有馬家の高輪二本榎の下屋敷の

北側とその周辺には、柘榴が多く植えてあった。文政 4(1821) 年、「江戸町独案内」では柘榴坂と紹介されており、直克には大変馴染みのある木であったことがうかがえる。

　直克は、前橋藩士に柘榴の木を植えることを推奨したと伝わる。柘榴は強い耐寒性、耐暑性があり栽培も楽。実を付けると多くの種ができる。種のまわりの外皮は食べることも。松平家臣団の子孫繁栄を願ったものだが、寒さ暑さにも強いのは武士道にもつながる。最近では旧前橋藩士の庭先の柘榴もめっきり姿を消した。

　前橋市は、姫路市とゆかりの苗木で歴史交流をしている。前橋市は柘榴の木。柘榴の木は表町の岸家からで、平和町にある旧藩士宅の庭から移植されもの。父方は藩士の家系で柘榴の木を大事にしてきた。

　一方、姫路市は、黒田官兵衛の祖父が財を成したことで知られている目薬の木。友好の証しとして、両市ゆかりの樹木の苗木を持ち寄って交換し、大切に育てられている。

　また、山口県萩出身で初代群馬県令・楫取素彦との縁で前橋市は萩市と友好都市になっている。前橋市から贈った柘榴の木が萩市図書館の前に根を下ろし、毎年花が咲く。楫取素彦が前橋在住時、居住していた松平家の別邸「楽水園」にも柘榴はあった。

12. 松平直方　藩営前橋製糸所を設立

　12 代直方は、安政 5 年 8 月 28 日（1858 年 10 月 4 日）、越中国富山藩 12 代藩主・前田利聲の次男として誕生。

　同 2 年 8 月 13 日、松平直克の養子になり、8 月 17 日に養父が隠居したため、家督を継ぎ、8 月 25 日に正式に前橋藩知事に就任した。同 3 年 6 月 21 日、我が国最初の洋式器械製糸である藩営前橋製糸所が前橋細ヶ沢において武蔵屋伴七宅を借りて 3 釜で試験操業。3 カ月後には、岩神で 12 釜で本格操業する。

　同 4 年 7 月 14 日、廃藩置県により藩知事職を免官された。7 月 15 日廃

藩置県により、前橋藩は前橋県となる。10月28日には、第一次群馬県となり併合された。藩主は東京に住むことになり、居を移した。

　同5年からは麹町へ。同17（1884）年、家督を9代典則の3男基則に譲った。家督を基則に譲ったあとは、西ヶ原村1072番地に住んだ。隣地には渋沢栄一の広大な屋敷（現飛鳥山公園）があった。

　直方は学問に優れ、詩文を作ること、書画を描くことが得意であった。同16年、隠居。前橋市の神明宮には額、渋川市北橘町の木曽三社神社、東松山市の箭弓神社には直方の扁額が奉納されている。

　同40（1907）年4月6日に死去。享年49。墓所は、東京都豊島区駒込の泰宗寺。

第3章：松平伯爵家、屋敷、宝物

1.松平基則　家康の血筋を伝えた9代典則の3男
（まつだいらもとのり）

　13代基則は、明治8（1875）年12月6日9代典則の3男として紅雲分村柿之宮（現、前橋市紅雲町）に生まれ、徳川家康からの血筋を引く。

　同16（1883）年、直方から家督を継承。幼いときは直克が後見。直克なき後は長男直之が務めた。同17年華族令により、伯爵となる。同34（1901）年に麹町本邸（現安養院庫裏）を建築。同40年、家督を直克の長男直之に譲り隠居。

　途中の3代養子をもって継続した松平家が、徳川家康の血筋を伝えた基則が当主となり、大いに家臣は沸き立った。しかし、生まれつき身体が弱く、家政を見ることができなかった。そのため、親戚、家臣が協議し、直克の長男で別家を創設していた直之に懇願して相続となった。

　基則は、各地に寄付や石碑を建立している。同20（1887）年には旧領地

の群馬県前橋市が大火となると最高額の 1,000 円を寄付した。また、結城家の末裔として同 22 年に結城市称名寺大将塚に石碑を建立。称名寺には結城家初代、結城朝光の墓がある。

　同 27 年、北海道夕張郡栗山町最上から栗丘に及ぶ国道沿い東側の国有林の未開の地 774 町歩の払い下げを受け、小作人を入れて開墾に着手。松平家を含め、多くの華族や実業家が大規模に開拓した農地は栗山町の農業の礎になった。同 40 年 1 月には松平家の開拓地の 480 町歩を小林米三郎に売却。小林は北海道最古の酒蔵「小林酒造」を起業、今でも続く。「北の錦」は北海道を代表する酒で、映画「鉄道員」にも登場する。昭和 5 （1930）年 5 月 24 日、神奈川県茅ケ崎市の海を臨む別邸で死去。享年 56。

2. 松平直之　前橋に石碑多数　徳川慶喜と交流

　14 代直之は、文久元年 7 月 27 日（1861 年 9 月 1 日）生まれ。先代の基則が幼年であり病弱であったため、直克が当初後見となり、その後、直之が後見となった。

　直之は、旧笠間藩主牧野貞直の娘富美と結婚。明治 24 （1891）年に先立たれている。13 代基則の姉八重と再婚し、基則が隠居。同 40 年に家督を相続し、伯爵となった。

　貴族院議員に選出され、同 44 （1911）年から大正 9 （1920）年まで務めた。継室八重との間に 2 人子どもをもうけ、喬は杉島家に養子に入った。

　歴代藩主同様、多芸であり、俳句や写真などを嗜んだ。明治 35 〜 41 （1902 〜 08）年、徳川慶喜らと写真を愛する華族の写真集「華影」を作り、腕を競い合った。また、同じく伯爵で旧津和野藩 14 代亀井茲常とは頻繁に手紙のやり取りがあり、交流が密にあった。津和野藩 11 代亀

14 代　松平直之

井 茲監（有馬頼功）は実父松平直克（有馬頼敦）と兄弟である。

　大正元（1911）年、同 8（1919）年、同 11（1922）年の売り立てにより、宝物の一部が放出されており、空襲の難を逃れたものが今日伝わる。

　明治 41（1908）年「前橋城址碑」、大正 6（1917）年「縣治記念碑」、同 11（1922）年「安井与左衛門政章功績之碑」には、直之によって書かれた篆額が残る。晩年は大久保屋敷で療養し、昭和 7（1932）年 4 月 11 日に死去。享年 72。

3. 松平直冨　最後の伯爵　群馬県に疎開

15 代 直冨　　16 代 直正　　15 代 直冨夫人 民子

　15 代直冨は、明治 18（1885）年 1 月 10 日、下谷区茅町 1 丁目 9 番地の松平邸において直之の長男として生まれた。

　明治 40（1907）年 7 月 29 日、実父の 14 代直之が当主となり、同年 9 月 17 日、代々の諱「直」を付けた名前「直冨」と改名。

　昭和 4（1929）年、麹町屋敷から大久保屋敷へ移転。同 7 年、父の死に伴い、伯爵となった。麹町区在郷軍人会分会長を 10 年ほど務め、功績として総裁宮殿下から有功章を受けている。

　同 9 年、群馬県における陸軍特別大演習の際、単独拝謁ならびに御陪食の光栄に浴された。この時に前橋市横山町の麻屋百貨店の屋上で写真を撮っている。麻屋百貨店は、前橋藩士・手塚鎌五郎の呉服店が前身である。

　同 12 年 8 月召集に応じて日中戦争に参加し、松平部隊長として戦線に赴き華北・華中方面で戦功を挙げ、松平部隊の名は戦場で喧伝された。同 13 年暮れに病にかかり漢口病院に入院、内地に送還となった。内地帰還後、

同 14 年 6 月 14 日午後 7 時に、銀座京橋の松竹レコードスタジオで部隊歌吹き込みの挨拶を行い、「松平部隊の歌」のレコードを作成した。

東京第一陸軍病院入院。松平伯爵出征記念像の制作を同 14 年 6 月 17 日から 3 日間、細谷而楽（三郎）により病室で行い、退院後、自宅療養した。

同 20（1945）年 5 月 25 日の東京大空襲では、大久保屋敷は全焼。焼け出された直冨・民子夫妻は、旧領地のある群馬へ向かう。直冨は田部井鹿蔵に相談し、空襲のない地を希望し、田部井は住んでいた渋川近くの長尾村に案内。子持神社に一時滞在し、宮司・牧彦根の娘、嶋田なみ宅に入る。しばらくの間、その 2 階を間借りして生活。その後、長尾村大字北牧字宮地（現、渋川市北牧）に住居を建てた。長尾村での生活は困窮した。民子夫人は料理をしたことがなく、煮炊きの仕方や洗濯を一から近所の住民に教えてもらった。直冨は、群馬県観光協会初代会長に就任したものの、半年で辞任。孫の 17 代直泰は中学 3 年から高校 3 年まで祖父母と一緒に生活した。

直冨は、戦後、結城家ゆかりの結城市にリュックを背負い、手元にあったわずかな刀や書画を売ったという。旅行が趣味で日本各地のゆかりの地に足を運び、旧藩士宅に泊まった。

直冨・民子夫妻は、愛猫と子持村（旧長尾村）に住み続けた。直冨は、昭和 40（1965）年 4 月 22 日に東京三宿の自衛隊中央病院において死去。享年 80。妻民子は、同 48 年 10 月 20 日に子持村（旧長尾村）春日園で死去。

4. 松平直正　「引っ越し大名」の語り部

16 代直正は、大正 8（1919）年 12 月 30 日、麹町屋敷で 15 代直冨の嫡子として生まれた。松平伯爵家は、昭和 4（1929）年、麹町から淀橋柏木 (現北新宿)5,000 坪の屋敷に引っ越した。松平邸では、たびたび皇族や軍人など、多くの客人を招き入れて園遊会が行われていた。父の直冨は、酒は一切飲めなかった。

戦時中、直正は海軍に入隊。学習院初・中等科から、日本大学法学部卒業。海軍経理学校に入学し卒業と同時に中佐に任官、土浦航空隊に配属され、

一年を経て海軍主計大佐に就任した。

　昭和20(1945)年5月25日松平邸の空襲時は、南方戦線に赴き、不在であった。両親が群馬県に疎開していることを知り、再会。戦後、語り部として全国各地の講演会やテレビに呼ばれ、引っ越し大名の歴史や文化を末裔として伝えた。平成17（2005）年7月31日 長崎県大村市の大村市民病院で死去。享年85。

　現当主松平直泰の母は、柳原在子であり松平直正と結婚（後に離婚）。曾祖父義光の妻が花子、義光の兄弟に白蓮（燁子）がいる。さらにさかのぼると高祖父前光の兄弟に愛子がおり、明治天皇の典侍、大正天皇の生母。「二位の局」と呼ばれ、昭和天皇の祖母に当たる。

【コラム5】

長谷川家に残る松平民子書の「家康の遺訓」

松平民子書「徳川家康の遺訓」

前橋市上細井の長谷川和俊家には多くの宝物が伝わってきた。その中に15代直冨・夫人民子が記した「徳川家康遺訓」が残る。民子の書は2種類あり、額装と掛け軸がある。

　民子は池田源の次女で子爵の出であり、15代直冨と結婚。池田家と松平家は歴史上たびたび婚姻している。淀橋柏木の屋敷に住み多くの使用人を抱え何不自由ない生活をしていたが、戦争で一変する。松平邸が全焼しすべてを失い、戦後は長尾村北牧(現渋川市北牧)に移住した。

　17代直泰氏の話である。ある日、ご飯を炊こうとした民子は七輪に釜を載せ、隣人と同じに団扇でパタパタと仰ぐ。でもいつまで待っても炊けない。それもそのはず、炭を熾していないのだ。同様にすれば炊けると思っていた。お嬢様ならではの話であるが、家事全般がそんな感じであり、直冨がよく癇癪を起こした。生活のために、近所の子供たちに書を教えたり、

ゆかりの家々をまわり「徳川家康遺訓」をしたため売ったりして、生活の糧とした。

---

5. 屋敷の変遷

(1) 江戸溜池の上屋敷 （延宝2年から明治5年まで）

愛宕山から松平家上屋敷を見る （長崎大学附属図書館蔵）

延宝2 (1674) 年4代将軍徳川家綱から拝領した溜池の上屋敷。松平直克・幸子の結婚式も行われた場所。明治5 (1872) 年に明治政府に上知され、その後、大倉財閥・大倉喜八郎に売却された。名残はほとんどないが、汐見坂 (大和坂)、江戸見坂、霊南坂などの坂名が現在でも残っている。現在は、ホテルオークラや大倉集古館となっている。

愛宕山から江戸城の方角を見る。中央の大きな細長い屋敷が松平大和守家の上屋敷である。2階建てで、1階部分は下板見張、2階部分は漆喰、屋根は瓦の堅牢な造り。外周部に長屋と蔵を配置している。

(2) 前橋紅雲分村柿之宮屋敷（明治3年から昭和22年ごろ）

松平静寿斎（典則）は前橋城三の丸御殿を出た後、紅雲分村柿之宮屋敷に住む。明治5（1872）年に火災に遭い焼失、再建されるも同10年、東京に移ることになった。

明治天皇が同11年北陸東海御巡幸の際、非常御立退所として屋敷を提供したことにより、賞賜・恩典として金1円25銭の御下賜金が与えられた。群馬郡紅雲分村・松平静寿斎（典則）の名がある。正確な位置や建物の規模は不明。なお、龍海院の住職の隠居所跡が松平家屋敷跡と地元では言い伝えられているが、場所は判然としない。

(3) 松平家別邸「楽水園」（江戸末期から明治中期）

臨江閣近く、グリーンドーム前橋の北東側の斜面のところに松平家の別邸「楽水園」があった。9代松平典則が造った簡素な住宅。

明治維新後は、初代群馬県令・楫取素彦の邸宅となった。楫取は木々で覆われた楽水園を大いに気に入り、漢詩や和歌を作っている。近年まで旅館「楽水園」として名を継承していた。現在では、住宅地となり当時の面影はないが、風光明媚な場所であった。

(4) 麹町屋敷（明治5年から昭和4年ごろ）
東京市麹町区下二番町48番地

屋敷の敷地は、2,516坪。江戸時代は旗本屋敷。明治以降は華族が多く住んだ。戦前までは、大きな屋敷があった。100以上の蔵が周辺にあり、庭は広く大正時代までは、鶴が飛来していたという（東京都千代田区図書館より）。

麹町屋敷は、安養院の庫裏（東京都板橋区有形文化財）として現存。川越本丸御殿や前橋城本丸御殿の玄関に酷似している。

昭和4（1929）年、地学会館の敷地として麹町区下二番町48番地の土地の一部202坪84を売却。昭和5年10月東京地学協会会館が竣工（東京地学協会編年史稿より）。

(5) 大久保屋敷（昭和4年から昭和22年ごろ）
東京都淀橋区柏木四丁目896

大久保駅から10分ほど、石垣の上の高台にあった。ここが御手杵の槍・式部正宗の終焉の場所となった。蔵が5棟あり、邸宅とつながっていた。敷地5,000坪ほどの邸宅であり、本邸の他に、若夫婦の家、小使い住宅、家令や家扶の住む家、箭弓神社の本宮もあった。邸宅は木造の洋館であったため、昭和20（1945）年5月25日の新宿周辺の東京大空襲で全焼。

同敷地内の大原社会問題研究所（法政大学大原社会問題研究所）は、昭和12（1937）年2月に移転、家屋152坪、書庫76坪。事務所は全焼したものの、土蔵一棟が残り、貴重書・原資料は焼失を免れた。

現在では、北側の石垣の一部と南側にレンガ塀が残っている。

南側に残るレンガ塀

6. 松平家の宝

（1）歴代の宝物「御手杵の槍」と「式部正宗」

松平家には、結城家、歴代藩主の刀剣類、長持ち、駕籠などの宝物が数多くあったが、昭和20（1945）年5月25日の東京大空襲により焼失しており、現在に残るものは極めて少ない。

「御手杵の槍」は、結城家17代当主・晴朝の愛槍であり、黒田家に黒田節と共に伝わる"呑み取り"の槍として有名な『日本号』、徳川四天王の一人・本多忠勝が所有した『蜻蛉切』と並び、天下三名槍の一つとされている。

駿州島田宿（現、静岡県島田市）の名匠・4代目島田義助が鍛えた鋼製の穂は、穂先まで正三角形で三面とも樋（細長い溝）が彫られ、刃長4尺6寸（約1.4m）、茎まで含めて7尺1寸（約2.2m）、切先から石突までの拵を合わせると約3.8mとなる。

また、穂を収める鞘の拵が杵の形から「御手杵の槍」と呼ばれる。鞘は

高さ5尺（約1.5m）余り、直径1尺5寸（約45cm）、木の芯が熊の毛皮で覆われていた。その大きさから、戦場で大将が詰める陣所を示す馬印として使われた。

「式部正宗」は、駿州府中城主中村家、榊原式部大輔康政の所有となり、徳川将軍家に献上された名刀。将軍家からどのような経緯で外に出たのか詳細は分かっていない。

正徳2(1712)年12月、松平基知が2,729両3分2朱で購入した記録が残る。宝永3(1706)年代金700枚の折紙もあった。

白毛の「御手杵の槍」（写し）個人蔵

「式部正宗」（写し）結城松平博喩堂報恩舎蔵

造込恰好は、「長さ2尺2寸1分半、華表反にして表裏棒樋、身巾広く重ね薄く平肉ありて中切先、真の棟、横手下3寸程の処に切込の刃こぼれ、裏物打処ちり、角1ヶ所、棟に廻りて1ヶ所切込あり。元亀・天正時代に戦功を無言に物語るものなり」と本阿弥光遜著の日本刀の中で紹介されている。刃こぼれについて記録があることから、実戦で使われた可能性がある。

(2) 復活した「御手杵の槍」と「式部正宗」

「御手杵の槍」と「式部正宗」は共に東京大空襲で焼失したが、関係する人々によって復活した。

黒毛の「御手杵の槍」は、平成30(2018)年、17代当主直泰が復元し、

前橋東照宮に奉納。現在社務所内で展示されている。「第2回前橋藩主・松平大和守家顕彰祭」を開催の際、一般にお披露目になった。

　また、白毛の鞘もあった。一般的には黒毛の鞘が有名であるが、こちらは、8代斉典の嫡子で11代将軍家斉25男の斉省（紀五郎）が松平家に養子に入る際に白熊の毛で作られた馬印。溜池の上屋敷から江戸城に登城する際の馬印としてこれを使用した。

　「式部正宗」は、令和3（2021）年、「結城松平博喩堂報恩舎」によって、復元された。「第3回前橋藩主・松平大和守家顕彰祭」を開催の際、展示、初披露される予定である。

〇黒毛の「御手杵の槍」（レプリカ）※前橋東照宮奉納

〇白毛「御手杵の槍」（写し）※個人蔵

〇「式部正宗」（写し）※
結城松平博喩堂報恩舎蔵
　山形の刀匠上林恒平、前
　橋の刀匠高橋恒厳合作

（3）前橋藩主松平大和守家8代斉典の甲冑

　前橋市が平成22（2010）年に購入し、現在、前橋市指定重要文化財となっている。天保14（1843）年、具足名「鉄錆六十二間筋兜黒漆塗浅葱素懸威最上伍枚胴具足」。兜が「鉄錆六十二間筋兜」、鎧が「黒漆塗浅葱素懸威最上伍枚胴具足」と呼ばれる。贅を尽くした甲冑であり、古い形式を今に伝える。

　作者は、明珍紀宗保で部

松平大和守家八代斉典の甲冑（前橋市蔵）

位ごとに銘がある。本具足の制作に関係する文書として、天保14（1843）年、甲冑師「明珍紀宗保」による「御具足目録」が附属されている。具足目録には、「川越候（松平斉典）の命ずるところ」とある。「前橋藩松平家記録（記録地・川越）」天保14年5月3日条及び9月朔日条に、藤枝政右衛門に命じ、甲冑を制作させた記事があり、「具足目録」に合致する。藤枝政右衛門は、武具方の小役人で、刀工で松平大和守に仕えており、明珍紀宗保へ藤枝政右衛門から甲冑の制作が依頼されたようだ。

　松平大和守家の家紋は、天保14年に船印を五三桐紋から三つ葵紋に改めることを藩日記に記しており、甲冑もこの頃に当たる。

（4）前橋藩松平家記録

　前橋市立図書館所蔵「前橋藩松平家記録」は、昭和3（1928）年に松平家から前橋市に寄託され、多くの研究者に活用されてきた。戦時中、下川渕村の倉庫に疎開させており、8月5日の前橋空襲では焼けずに残った。疎開時に数冊紛失したものもあるが、白河時代の元禄11（1698）年から明治15（1882）年までの全405冊存在している。昭和34（1959）年3月25日、所有者15代松平直冨から寄贈された。

　藩日記は、現在、「記録地・前橋」は解読が終了し、川越でも解読が開始されている。近い将来すべてが解読、活用され、松平大和守家のことがさらに詳しく分かることを期待したい。

第4章　松平大和守家ゆかりの寺・神社

1.前橋市内の寺・神社

(1) 曹洞宗　泰陽山　佛性院　孝顕寺

■所在地：〒371-0014　群馬県前橋市朝日町4丁目33-13

　初代直基により越前勝山で建立され、結城松平家の菩提寺となった。開

山は、萬嶺晋令尖尭大和尚。茨城県結城市の孝顕寺を本寺とする。

孝顕寺 本堂

　寺名は、直基の祖父泰陽院（結城晴朝）と父孝顕院（結城秀康）、直基の佛性院の法号から名付けられた。

　江戸時代中期の寛延2（1749）年、5代松平朝矩は酒井忠恭と入れ替わりで前橋に転封。それに伴い、孝顕寺も、森巌寺、大興寺、永寿寺、隆勝寺共に前橋へ移転し、長昌寺を仮寺とした。「前橋藩松平家記録（記録地・前橋）」には、寛延4（1751）年2月20日午後8時半頃、竪町の綿打屋から出火。この翌々日には、仮寺の長昌寺から出火。孝顕寺の歴代の位牌が安置されていたので、本町の東福寺に移し、さらに向町の橋林寺に移したと記載がある。松平家が武蔵国川越城へ移転すると、孝顕寺も前橋を離れた。

　慶応3（1867）年、11代松平直克の帰城に伴い、再度、孝顕寺も移転。松平氏の菩提寺であることから、領内の宗務を司る僧録所を与えられた。一時、正幸寺を借寺とした。

　明治維新となり、藩主との関係は絶たれ、住職太原金牛の努力で、明治5（1872）年、現在地に堂宇を建立。同30（1897）年に火災に遭い、堂宇は焼失。その時、雙林寺から1堂を譲り受け、再建された。

伝来の宝物

松平大和守家初代から8代までの「松平藩主画像」と「結城政勝画像」があり、群馬県指定重要文化財。

「前橋藩松平家記録（記録地・江戸）」における「安政6（1859）年11月3日」の条に記載があり、次のとおり記されている。

一　今日孝顕寺江左之

御方々様御画像御預被成候ニ付年寄大場内膳衆判處より奉守護同寺江罷越御預被成候旨丈江申述相渡之御画像之義者長持江奉入衆判處より右筆壱人為致守護同寺江差遣夫より御霊座江奉入御香御菓子等相備御拝申上引取候也

但　御開眼被申上候節ハ何日ニ御開眼申上候願一両日前ニ年寄迄被申越候様可申述之且御画像御箱上ハ書并塗其外諸地ニ包候義等方丈江為御任被成候間宜被取計候様申述之

馨徳院様（7代直温）

興國院様（8代斉典）

大應院様（6代直恒の長男知豊・大隅守）

隆章院様（8代斉典の世嗣斉省・侍従、大蔵少輔、少将）

但　御官服之御画像也

また、初代直基と2代直矩の画像には、画賛があり、制作日がそれぞれ、慶安5（1652）年、延宝6（1678）年とある。結城政勝は、下総結城家16代で直基の曾祖父に当たり、「結城家新法度」とよばれる分国法を制定した戦国大名として有名。すべて絹本で掛け軸仕立て。

結城家、松平家、徳川家の位牌

煉瓦建築の御霊屋に結城家、松平家藩主や徳川将軍家代々の位牌がある。

（2）浄土宗　虎淵山　大蓮寺

■所在地：〒371-0022　群馬県前橋市千代田町 3-3-24

永正2（1505）年、厩橋城下の柳原虎ヶ淵に超蓮社勝誉上人文益和尚に
よって創建。龍虎思想に基づき、寺の近くを流れる城の北東側の利根川の
渕を「虎ヶ淵」と呼び、南西側の利根川の渕を「龍ヶ鼻」と呼んだ。山号
の虎淵山の由来である。

慶長6（1601）年、厩橋城主酒井重忠により、現在地に移転。元和2（1616）
年、弁財天をまつる。昭和20（1945）年8月5日の前橋空襲により焼失。
同51（1976）年に弁財池の跡地に本堂を再建した。

また、赤穂浪士・矢頭右衛門七教兼の母の墓がある。矢頭右衛門七が討
ち入りを果たし、切腹すると母は松平大和守家臣の親族に迎えられ、松平
家と共に白河から姫路へ、そして前橋に移住している。宝暦2（1752）年
85歳で亡くなり大蓮寺に眠る。

（3）浄土宗　浄光山　森巌寺

■所在地：〒371-0034　群馬県前橋市昭和町 2-6-18

初代直基公が父・秀康の菩提を弔
うために龍天和尚を招いて越前勝山
で開基した位牌寺。

以後、松平家と共に移転。慶応3
（1867）年に観音堂跡で古城「萩の城」
跡と伝わる萩村の現在地に建立。大
正8（1919）年27世英俊住職となり、
伽藍を整備したが、昭和20年8月5
日の空襲により、伽藍を焼失。昭和
43（1968）年、現本堂を鉄筋コンクリー
トで再建。

この墓所には、藩営前橋製糸所の
器械製糸工女の開祖：西塚梅（速水
堅曹の姉）も眠る。増上寺ともつな
がりあり、6代将軍徳川家宣霊廟前

6代将軍徳川家宣の灯籠

にあった巨大な灯籠が境内に戦後、移設された。

（4）日蓮宗　品量山（ほんりょうざん）　永寿寺
■所在地：〒 371-0023　群馬県前橋市本町 3-14-12

越後村上藩主の時に、松平直矩は、直矩父、直基母（品量院）、直矩母（永寿院）の位牌所に「真光山 経王寺」を定めていた。

前橋城の登城太鼓

松平家の姫路転封に伴い、分かれて一寺は姫路へ移った。寛文 10（1670）年、2 代松平直矩によって一寺は「永寿寺」と称し、姫路において開基。祈願寺として以後、松平家と共に移転し、明治 4（1871）年に現在地に建立。昔は多津塚と呼ばれており、刀剣が発見されたことから龍塚と呼ばれた古墳があった。本堂は前橋空襲で焼失。昭和 56（1981）年に再建された。松平家より拝領、前橋城の登城太鼓が伝わる。

日蓮宗は昭和 16 年に本末を解体しているが、旧本山は千葉県市川市の弘法寺。

（5）曹洞宗　大珠山　是字寺　龍海院
■所在地：〒 371-0025　群馬県前橋市紅雲町 2-8-15

酒井雅楽頭家菩提寺。岡崎城主で徳川家康の祖父松平清康は左手に「是」の字を握った夢を見る。龍渓院の高僧模外惟俊（もがいゆいしゅん）住職にその意味を尋ねると、「是は日・下・人に分けられ、これを握るということは、戦国の世を統一する吉兆。あなたの代に実現しなくとも孫の代までに実現する」といわれ、喜んだ清康が、享禄 3（1530）年 “大珠山是字寺” 龍海院を創建したと伝わる。

当初、前橋では岩神村に建設されたが、火災により、現在地の柿之宮村（紅雲町）に移転。元禄 8（1695）年 5 代藩主酒井忠挙によって行われた大規模な造営で、本堂、御霊屋、御衛堂、書院、衆寮、庫裏、方丈を整備。寛延 2（1749）年、9 代忠恭の姫路転封。龍海院は前橋に留まり、酒井氏の菩

提寺であり続けた。文政年間（1818〜1830）にも大規模な伽藍の再興整備を行い、今に残る本堂、御霊屋、山門、鐘堂がそれである。

境内南西の約1,000坪という広大な敷地には、初代重忠から15代までの酒井家歴代藩主の墓が立ち並ぶ。特に酒井家が姫路に転封となっ

松平家御連枝の墓

た9代忠恭以降の大名墓も揃っており、全国的に見ても貴重な史跡である。

松平家の墓については、幕末の移封で前橋城は完成したが、寺の移転は完了しておらず、龍海院に頼んで設置した。酒井家歴代墓所から一番遠い東側にある。初代前橋市長下村善太郎の墓の南側で、「松平家御連枝の墓」と呼ぶ。9代松平典則の4人の子供の墓である。

慶応2（1866）年5月7日には、9代松平典則の長女婥相院（富）の一周忌法事に当たり、龍海院で「茶の湯」が行われ、婥相院の墓所地代として15両、寄附として25両が龍海院へ支払われた。

典則の子供の墓
長女富　婥相院殿　慶応元年5月9日
次男銑一郎　道樹院殿　明治5年5月17日
6女錫　梢凉院殿　明治6年8月18日
8女鍉　清秋院殿　明治8年9月6日

(6) 浄土宗　孤雲山　三宝院　正幸寺
■所在地：〒 371-0015 群馬県前橋市三河町 1-19-37

正幸寺は、本尊・阿弥陀如来で京
都東山の知恩院を総本山とする浄土
宗。室町時代末期の文亀元（1501）
年、厩橋城（前橋城）東南の水曲輪（現
在の桃井小学校付近）に大誉証栄和
尚が小さなお堂を建立。念仏寺とし
て有名であった。

松平直克三女百姫の墓

天正 18（1590）年、徳川 16 神将
の一人に数えられる武将・平岩親吉
は、関東に入った徳川家康と共に従
軍し、厩橋城の城主となった。親吉
には子供がなく家名がなくなること
を惜しんだ家康から、8 男の仙千代
を養子にした。しかし、仙千代は慶
長 5（1600）年に亡くなってしまい正幸寺に葬り、追善のために勝軍地蔵を
まつる「勝軍地蔵堂」を建立した。親吉が関ヶ原の戦いの後、慶長 6 年に
甲斐の府中（甲府）に移ると、酒井氏の代になり、明暦 2（1656）年に城を
拡張する都合から寺は十八郷村（現 三河町）に移転。

昭和 20（1945）年、前橋空襲により焼失。昭和 61（1986）年、檀家の
協力により念願の大本堂を再建。境内には松平直克 3 女百姫（蓮花院殿・
明治 2 年 7 月 20 日）の墓が本堂の西側にある。

(7) 天台宗　松榮山　大興寺
■所在地：〒 371-0046　群馬県前橋市川原町 1-6

大興寺は、延暦寺の末寺で、寛文 7（1667）年に 2 代直矩によって創建。
城内に東照宮の別当寺として、黒印 200 石を与えられ厚遇された。奥州白
河在城時、諸堂宇および古器物等を焼失した。その後、川越時代の文久 3
（1863）年に 100 石加増された。慶応 3（1867）年に直克が前橋城に移転の際、
城内に移転。

明治 5（1872）年川原町で焼失した薬王寺の跡地を寺とし、同 7 年 10 月

に旧藩主・直方から邸宅を
賜り、同8年に移築竣工し
た。明治7年10月には邸
宅の他に藩主の金幣および
什器多数を賜っている。
　昭和60（1985）年前橋
市の調査で本堂は、前橋城
内にあった松平家の私邸で
あったと断定された。県
内には藩主の屋敷建築はな

大興寺本堂

く、「大名邸宅」として大変貴重である。

（8）藜稲荷神社 <ruby>藜<rt>あかざ</rt></ruby>

■所在地：〒371-0801 群馬県前橋市文京町1-39-5
　松平大和守家が寛延2（1749）年の国替えの際、京都伏見稲荷神社に一
門の繁栄を祈願。播磨国姫路藩から朝矩が15万石をもって上野国前橋藩へ
入封できたことから、伏見稲荷大神分霊を勧請して武蔵川越の赤沢の地に
まつる。
　天保2（1831）年に現在の稲荷御神体（<ruby>荼吉尼天<rt>だきにてん</rt></ruby>）の造像を川越境町の仏師、
久下新八に依頼。斉典は、天保6（1835）年に従四位上左近衛少将に昇格。
また15万石から17万石に加増となったことから、「出世稲荷」としてさら
に崇敬を集めた。
　文久3（1863）年、11代直克が前橋城の再築を許可され、慶応3（1867）
年に再築前橋城が竣工。その際、この稲荷も城内に奉還、地名の赤沢を転
訛して「藜稲荷」と称した。

（9）前橋東照宮

■所在地：〒371-0026　群馬県前橋市大手町3-13-19
　初代直基が越前勝山に寛永元（1624）年に創建した神社とされる。松平家
が川越藩主になると、城内に本殿拝殿が建立された。慶応3（1867）年前橋
城に帰城となり、安政2（1855）年、東照宮の社殿も川越で解体され、明治
維新を経て、明治4（1871）年に天神社と合祀の上、再築された。

御祭神は、徳川家康公・菅原道真公・長壁様（刑部大神）・木之花咲耶比賣命をまつっている。社務所には、17代松平直泰が奉納し、復活した「御手杵の槍（復元）」が常設展示。境内の西側には「彰忠碑」があり、上部に設置されている「鳶の像」

川越から移築した拝殿

は、彫刻家細谷而楽と鋳物師鈴木藤次郎の作である。

（10）前橋神明宮

■所在地：〒371-0022　群馬県前橋市千代田町 1-13-16
歴代の城主が崇敬した「前橋神明宮」
■内宮・前橋神明宮

　前橋神明宮は、神明山という小山にある。伊勢大神宮を奉祀する神社であり、文明 9（1477）年、武蔵守護代・扇谷上杉家の家宰太田道灌が湯島天神を創立。翌 10（1478）年に山内上杉家 11 代当主、越後上杉家の出身で関東管領・上杉顕定が古河の城主で第 5 代鎌倉公方、初代古河公

前橋神明宮池の柵

方の足利成氏と和議を行い帰城の際、道灌もまた上毛の地を訪れ、神明山に宮殿を創建したと伝わる。それ以前から、伊勢信仰の中心地であった。

　鎮護神として前橋城の鬼門を守る神社として歴代の藩主の酒井雅楽頭家、松平大和守家をはじめ、庶民の信仰を集めた。明治時代の中期、この神域に「神宮教院」を設置。崇拝はもとより神道の高揚、庶民の教化、神宮大

麻の頒布授与の中心地となった。

　昭和20（1945）年前橋空襲において社殿・宝物が無傷で、家を失い、焼き出された多くの人々が避難した。境内には地下の湧き水を利用し、鎌倉の銭洗辨財天厳島神社から分霊した辨財天池、雷電神社、菅原神社、三峰神社、猿田彦神社、青麻神社などの分社が数多くある。辨財天の池の柵は明治時代のもので、前橋松平家ゆかりの巴紋と輪貫があしらわれている。敷石は前橋一渋川間の路面電車に使用されたもの。

　松平大和守家は神明宮を崇敬。「八代松平斉典の大黒様図」は、神明宮祭大黒天の御神霊として寄進されたもの。天保十三年 壬(みずのえ) 寅年十一月二十有三日為書きのある桐箱も残されている。

　12代松平直方書「徳威優渥」の額、葵の御紋の入った川越大納戸の長持ち、弓等がある。

■外宮・前橋稲荷大明神

　勧請年月日不詳　當社ハ神明山中ニ在リ、伊勢内宮外宮ニ倣ヒ神明社ニ相並フ、即神明社ノ摂社タリ、蓋シ倉稲魂命ハ外宮ノ大神ト同神ナル故歟（由緒、神社明細帳より）

2．前橋市以外の寺・神社

(1) 曹洞宗　法輪山　泰宗寺
■所在地：〒170-0003　東京都豊島区駒込7-1-1

　松平大和守家菩提寺。法輪山泰宗寺は曹洞宗（禅宗）に属し、本尊は薬師如来を安置。本山は福井県の大本山永平寺と鶴見の大本山総持寺。

　千葉県君津貞元村新御堂、最勝福寺の末寺で、慶長年代に摂津国三田城(さんだ)主九鬼守隆の開基で江戸茅場町に建立。寛永10（1633）年、幕府の命により、下谷(したや)稲荷町に移転。明治10（1877）年火災に遭い、同41（1908）年、東京都豊島区駒込に移転し、現在に至る。

　松平大和守家歴代の墓地がある。歴代藩主の他、室や側室、子供までの遺骨が納められている。同墓地には、江戸時代中後期から千社札を貼る風

習を広めた奇人・天愚孔平の墓がある。

（2）曹洞宗　大雄山　最乗寺
■所在地：〒 250-0127 神奈川県南足柄市大雄町 1157
　最乗寺は了庵慧明禅師によって応永元（1394）年開山している。関東の霊場として知られ、永平寺、総持寺に次ぐ格式を持つ。
　峨山五哲である通幻寂霊門下の了庵慧明によって開山したあとは、東国における通幻派の拠点となった。通幻門下は各地で公共事業を行い、民心をつかむ。最乗寺にも土木工事を行ったという了庵法嗣の妙覚道了（道了尊）がまつられている。余語翠巌、新井石禅、石附周行らが住職を歴任。修行道場として僧堂を設置した。地元では「道了さん」とよばれ、「天狗伝説」と共に親しまれている。
　本堂奥、鐘楼の隣に初代松平直基の墓がある。

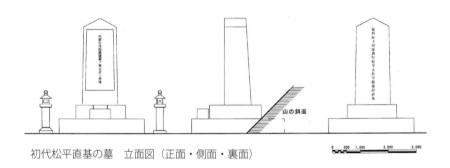

山の斜面

初代松平直基の墓　立面図（正面・側面・裏面）

（3）日蓮宗　真間山　弘法寺
■所在地：〒 272-0826　千葉県市川市真間 4-9-1
　天平 9（737）年、行基が、里の娘、手児奈の哀話を聞き、心情を哀れに思い、一宇を建てて「求法寺」とし、手厚くその霊を弔った。
　弘仁 13（822）年に弘法大師（空海）が布教に来た時、求法寺を七堂伽藍に再建し、寺運を一新して、「求法寺」を「弘法寺」と改称した。
　鎌倉時代、建治元（1275）年に、時の住持、了性法印尊信と、中山法華経寺、富木常忍との間に問答があり、日蓮聖人は六老僧の伊予房日頂上人を対決。

結果、日頂上人が勝ち、弘法寺は法華経の道場となり、開山となった。

　元亨 3（1323）年に千葉胤貞から寺領の寄進、天正 19（1591）年に徳川家康より御朱印状を賜り、元禄 8（1695）年には徳川光圀が来詣された折、茶室を愛でて「遍覧亭」と称された。明治 21（1888）年火災のため、全山、灰と化し、現在の諸堂は同 23 年に再建。

　松平直基（仏性院）、直基生母（品量院）、直矩生母（永寿院）の墓がある。

（4）天台宗　書写山　圓教寺
■所在地：〒 671-2201 兵庫県姫路市書写 2968（本坊・事務所）

　康保 3（966）年、性空上人によって創建されたと伝わり、西国三十三所のうち最大規模の寺院で、「西の比叡山」と呼ばれるほど寺格は高い。中世には、比叡山、大山と共に天台宗の三大道場。皇族や貴族の信仰も篤く、訪れる天皇・法皇も多数いた。

　境内は、仁王門から十妙院ある「東谷」、摩尼殿（観音堂）を中心とした「中谷」、3 つの堂（三之堂）や奥之院のある「西谷」に分けられる。伽藍があるのは標高 371m の書写山。

　山内の松平家廟所（大和霊廟）は、徳川家康の孫松平直基の墓。直基は山形から移封先の姫路へ赴く途中の江戸で没。子の松平直矩がその分骨を納めた。

　同じく姫路藩主の本多家廟所がある。室町時代の応永 5（1398）年から明治維新まで女人禁制であった。

（5）曹洞宗　法輪山　長寿院
■住所：〒 961-0821 福島県白河市町北裏 30

　元は石川郡小高村 (現玉川村) にあり、当時衰えていた同寺を、白河藩主松平大和守家の菩提寺孝顕寺の住職が今の場所に再興した。孝顕寺は松平氏の転封で姫路に移り、長寿院には孝顕寺の僧一人を留め、白河に葬られた藩主の墓を守る寺となった。

　市内では戊辰戦争に関連する墓の数が最大で長州・土佐・佐土原・大垣・館林 5 藩士が眠る。長寿院の正門、正面の 2 基の灯籠は、明治天皇の戊辰戦争慰霊巡幸に当たり、右側は岩倉具視・木戸孝　左側は大久保利通が建立したもの。長寿院は、「官軍寺」と呼ばれている。

（6）曹洞宗　瑞松山　景福寺

■所在地：〒670-0027　兵庫県姫路市景福寺前7-1

　景福寺は、姫路城の近くにあり、歴代城主の菩提寺としても有名である。応安2（1369）年、曹洞宗大本山永平寺開山・道元禅師より6代目に当たる通幻寂霊によって創建。戦火を避け播磨国に移り、姫路藩主・池田輝政の帰依を受け、坂田町に建立。

　寛延元（1748）年、松平明矩が死去し、翌2年嫡子朝矩が前橋に国替えとなったため、菩提寺孝顕寺の堂宇を寄進。新藩主酒井忠恭の命で景福寺が移った。

　境内には、藩主酒井忠学（さかいただのり）の室となった11代将軍家斉の25女・喜代姫とその娘・喜曽姫（藩主酒井忠宝（さかいただとみ）の室）、最後の大老で藩主忠績の室・婉姫の3人の墓がある。景福寺山には、松平明矩の墓所と姫路藩士たちの墓石がある。景福寺山は、かつては松平家の菩提寺孝顕寺にならって「孝顕寺山」と称した。

（7）天台宗　川越大師　喜多院

■所在地：〒350-0036　埼玉県川越市小仙波町1-20-1

　天長7（830）年に慈覚大師（円仁）が淳和天皇の命で東国に天台宗の教えを広げるため、無量寿寺として創建。

　慶長4（1599）年、天海僧正が第27世住職として入寺。寺号を喜多院と改め、川越藩主老中・酒井忠

歴代藩主の墓前には灯籠が並ぶ

利は喜多院を再興。同18（1613）年、関東天台総本山と定め、500石の寺領を賜った。元和2(1616)年、徳川家康が亡くなり、日光山に向かう間の同3(1617)年3月23日〜26日の4日間、天海僧正が大法要を営む。のちに境内には仙波東照宮がまつられ、寛永10(1633)年に完成。寛永15（1638）

年、川越大火で山門と経蔵以外の伽藍を焼失。
　翌年、徳川家光の命で、江戸城紅葉山御殿の一部である客殿、書院、庫裏
を移築した。4代将軍家綱の時代には750石・寺域48,000坪の大寺になった。

■松平大和守家の歴代当主データ

松平大和家	戒名	生年月日(新暦の日付)	逝去年月日(新暦の日付)
初代・直基	仏性院殿鉄関了無大居士	慶長9(1604)年3月25日(4/24)	慶安元(1648)年8月15日(10/1)
2代・直矩	天祐院殿鐡船道駕大居士	寛永19(1642)年10月28日(12/19)	元禄8(1695)年4月25日(6/6)
3代・基知	仰高院殿実性英堅大居士	延宝7(1679)年7月28日(9/3)	享保14(1729)年8月14日(9/6)
4代・明矩	正眼院殿郭然無性大居士	正徳3(1713)年8月1日(9/20)	寛延元(1749)年11月17日(1/5)
5代・朝矩	霊鷲院殿拈華微笑大居士	元文3(1738)年3月14日(5/2)	明和5(1768)年6月10日(7/23)
6代・直恒	俊徳院殿仁山良義大居士	宝暦12(1762)年5月1日(6/22)	文化7(1810)年1月18日(2/21)
7代・直温	馨徳院殿大振声光大居士	寛政7(1795)年2月14日(4/3)	文化13(1816)年7月28日(8/21)
8代・斉典	興国院殿懿徳協和大居士	寛政9(1797)年11月2日(12/19)	嘉永3(1850)年1月20日(3/3)
9代・典則	松林院殿堯雲義典大居士	天保7(1836)年1月23日(3/10)	明治16(1883)年7月24日
10代・直侯	建中院殿義恩黎懐大居士	天保10(1839)年1月9日(2/22)	文久元(1862)年12月10日(1/9)
11代・直克	直指院殿見性良山大居士	天保11(1840)年2月26日(3/29)	明治30(1897)年1月25日
12代・直方	大心院殿寂照真夢大居士	安政5(1858)年8月28日(10/4)	明治40(1907)年4月6日
13代・基則	隆徳院殿覚心則応大居士	明治8(1875)年12月6日	昭和5(1930)年5月24日
14代・直之	奎徳院殿直心亮道大居士	文久元(1861)年7月27日(9/1)	昭和7(1932)年4月11日
15代・直冨	本性院殿直翁亘心大居士	明治18(1885)年1月10日	昭和40(1965)年4月22日
16代・直正	長秀院殿端雲正道大居士	大正8(1919)年12月30日	平成17(2005)年7月31日
17代・直泰	現当主	昭和19(1944)年	

あとがき

　今回、多くの人々の協力により、数年前までは知り得なかった「松平大和守家の歴史」をブックレットとしてまとめられたことは非常に大きな成果である。

　最近、前橋市が取り組んでいる藩主家を顕彰する「前橋四公祭」や前橋の製糸業を顕彰する「シルクサミット」などのイベント、前橋市民学芸員の活躍により、「歴史都市まえばし」のすそ野が確実に広くなっている。また、顕彰団体「結城松平博喩堂報恩舎」の活動によって、松平大和守家も徐々に認知されるようになってきた。前橋の他の大名家とも連携を図りながら、「前橋四公祭」を伝統行事に育てていきたい。

　前橋市内には、藩主の墓がよく残されている。酒井雅楽頭家歴代墓所、秋元越中守家歴代墓所、牧野駿河守家墓所、そして松平大和守家の孝顕寺の松平直克墓所と4家の墓所がある。このような地域は全国的に見ても稀である。これも大きな歴史資産。江戸の雰囲気を感じられる墓所群の「国の指定史跡」を目指して邁進してほしい。

　ブックレット編さんに当たり、指導していただいた手島仁氏ならびに尽力された各位に改めて厚く御礼申し上げる。「松平大和守家」と墓所周辺の調査をまとめた本書が、文化財の保護や普及啓発活動、また地域の歴史を知る手掛かりとして、今後大いにご活用いただければ幸いである。

　最後に、調査にあたりご協力いただきました各関係機関・関係者の皆さま、調査に御尽力いただいた皆さま、そして、調査・研究を温かく見守っていただいた地元の皆さま、結城松平博喩堂報恩舎役員、鈴村浩文氏、今井義徳氏、瀬尾茂氏、木村紀代子氏、降旗栄二氏、佐藤敏英氏、高橋一郎氏、高橋恒厳氏、高橋賢靖氏、有賀正樹氏、須賀博史氏、堤波志芽氏、峯岸隆臣氏、片岡賢三氏、駒形義夫氏に心より厚くお礼を申し上げ、結びとしたい。

　なお、長年にわたり調査・研究をされた、速水美智子、金子裕之両氏に対して末筆ながら哀悼と感謝の意を表したい。

松平直孝・庭野剛治

〈 参考・引用文献 〉

「源氏と坂東武士」 野口実著 吉川弘文館 2007 年

「乳母の力」 田端泰子著吉川弘文館 2019 年

「夫婦の日本史第 95 回」乳母が取らせた「頼朝の天下」 渡部裕明 2015 年 2 月 4 日

「おやま百景ガイドブック」 小山市教育委員会文化振興課 小山市 2004 年 5 月 15 日

「源平合戦事典」 関幸彦・福田豊彦編著 吉川弘文館 2006 年

「下野中世史の世界」 松本一夫 岩田書院 2010 年

「結城市史 第 1、第 4 巻」市村高男 結城市 1977 年、1980 年

「稲葉家の六百年」 稲葉朝成 2015 年 7 月

「日本庶民文化史料集成 第 12 巻」三一書房 1977 年 10 月

「松平伯爵出征記念像贈呈会報告附松平家系図」中山十松 1939 年 10 月 25 日

「伯爵松平直冨」 金子裕之 2002 年 10 月 非売品

「前橋繁昌記」以文會 1891 年（復刻版 みやま文庫 1974 年）

「松平大和守家の研究」松平大和守研究会 2004 年

「松平大和守家霊所」保存修理事業報告書 星野山喜多院 令和元年 11 月 29 日

「前橋案内」野條愛助 1898 年

「前橋風土記」古市剛 1906 年

「前橋市史」第二巻 前橋市 1973 年

「前橋市史」第三巻 前橋市 1975 年

「前橋市史」第四巻 前橋市 1978 年

「前橋市史」第五巻 前橋市 1984 年

「前橋の歴史と文化財」前橋市教育委員会 1978 年

「将軍・大名家の墓」河原芳嗣 1999 年

「日本刀」本阿弥光遜 大倉書店 1914 年 5 月

「日本刀の掟と特徴」日本刀研究会 本阿弥光遜 1955 年 7 月

「日本刀大観」上・下 本阿弥光遜 日本刀研究会 1942 年

「日本刀大百科事典」3 巻 福永酔剣 雄山閣出版 1993 年 11 月 20 日

長崎大学附属図書館 幕末・明治期日本古写真メタデータ・データベース

「白河市史』 上中下 白河市 1968 〜 1971 年

「白河市史」 1〜 10 白河市 1989 〜 2007 年

「白河市の文化財」 白河市教育委員会 2000 年

「図説白河の歴史」 郷土出版社、2000 年
「白河藩主七家二十一代」白河市歴史民俗資料館　2019 年 8 月 10 日
「ぐんまのお寺曹洞宗 I」上毛新聞社　2002 年 11 月 25 日

〈 調査協力・資料提供 〉※敬称略

手島　仁　　松平直泰　　野本文幸　　小島純一　　難波伸男　　町田修一　　長谷川和俊　　栗間良輔
金子裕之　　鈴木和夫　　寺田勝廣　　東野善典　　岡田修一　　田代浩敬　　庭野純子　　浅見雅子
庭野雄造　　庭野佐智子

※写真・図は表記のあるものは提供。その他のものは、筆者撮影・作成のものである。

松平直孝／まつだいら・なおゆき

1972(昭和47)年東京都練馬区生まれ。前橋育ち。1974年に前橋市に転居。前橋育英高校卒。現在、株式会社テクノサッシュ群馬工場に勤務。結城家36代、松平大和守家18代にあたる。結城松平博喩堂報恩舎理事。結城松平家の顕彰活動に力を注いでいる。

庭野剛治／にわの・たけはる

1974(昭和49)年前橋生まれ。日本大学理工学部卒。一級建築士。前橋工科大学技術員、大手不動産会社を経て、2005年にわのライフコア株式会社を設立。2017年より代表取締役。現在、結城松平博喩堂報恩舎理事、前橋市生涯学習奨励員、敷島小学校PTA会長、前橋市PTA連合会幹事などを務める。

前橋学ブックレット

創刊の辞

　前橋に市制が敷かれたのは、明治 25 年（1892）4 月 1 日のことでした。群馬県で最初、関東地方では東京市、横浜市、水戸市に次いで 4 番目でした。

　このように早く市制が敷かれたのも、前橋が群馬県の県庁所在地（県都）であった上に、明治以来の日本の基幹産業であった蚕糸業が発達し、我が国を代表する製糸都市であったからです。

　しかし、昭和 20 年 8 月 5 日の空襲では市街地の 8 割を焼失し、壊滅的な被害を受けました。けれども、市民の努力によりいち早く復興を成し遂げ、昭和の合併と工場誘致で高度成長期には飛躍的な躍進を遂げました。そして、平成の合併では大胡町・宮城村・粕川村・富士見村が合併し、大前橋が誕生しました。

　近現代史の変化の激しさは、ナショナリズム（民族主義）と戦争、インダストリアリズム（工業主義）、デモクラシー（民主主義）の進展と衝突、拮抗によるものと言われています。その波は前橋にも及び、市街地は戦禍と復興、郊外は工業団地、住宅団地などの造成や土地改良事業などで、昔からの景観や生活様式は一変したといえるでしょう。

　21 世紀を生きる私たちは、前橋市の歴史をどれほど知っているでしょうか。誇れる先人、素晴らしい自然、埋もれた歴史のすべてを後世に語り継ぐため、前橋学ブックレットを創刊します。

　ブックレットは研究者や専門家だけでなく、市民自らが調査・発掘した成果を発表する場とし、前橋市にふさわしい哲学を構築したいと思います。

　前橋学ブックレットの編纂は、前橋の発展を図ろうとする文化運動です。地域づくりとブックレットの編纂が両輪となって、魅力ある前橋を創造していくことを願っています。

前橋市長　山本　龍

| 引っ越し大名　松平大和守家 |

前橋学ブックレット㉘

発　行　日／2021 年 12 月 4 日　初版第 1 刷

企　　　画／前橋学ブックレット編集委員会
〒 371-8601　前橋市大手町 2-12-1　tel 027-898-6992
　　　　　　前橋市文化国際課

著　　　者／松平直孝・庭野剛治

発　　　行／上毛新聞社デジタルビジネス局出版部
〒 371-8666　前橋市古市町 1-50-21　tel 027-254-9966

ⓒ Matsudaira Naoyuki ／ Niwano Takeharu　Printed in Japan 2021

ISBN 978-4-86352-298-5

ブックデザイン／寺澤　徹（寺澤事務所・工房）

㉕前橋台地I　その成り立ちと旧石器・縄文時代（2020 年）
　　梅沢重昭
　　　　　　　　　　　　　　　　　　　　　　　ISBN 978-4-86352-276-3

㉖教育者・井上浦造　（2021 年）
　　大崎厚志
　　　　　　　　　　　　　　　　　　　　　　　ISBN 978-4-86352-290-9

㉗　藩営前橋製糸所とスイス・イタリア　（2021 年）
　　前橋学センター編
　　　　　　　　　　　　　　　　　　　　　　　ISBN 978-4-86352-291-6

各号　定価：本体 600 円＋税